About THE THINGS I like

MEINE LISTEN

ZUM TRÄUMEN,
NACHDENKEN
und Glücklichsein

PLANET!

DAS IST **DEIN** BUCH.

Dein ganz eigenes, persönliches Eintrage-Journal, das all deinen Gedanken rund um Bücher, Filme, Serien, Musik und Social Media ein Zuhause bietet. Ob dein absolutes Lieblingsquote, der epische Soundtrack zu deinem Leben oder die Szene im Film, bei der du einfach immer losheulen musst – hier findet alles Platz.

Also : Gedanken sortieren, Stift geschnappt und loslegen!

Findest du nicht auch, dass wir mehr Positivität auf der Welt brauchen? Ja? Dann fang hier damit an. Und zwar direkt mit dir selbst.

TOP 5

Dinge, die du an dir magst

1 ______________________

2 ______________________

3 ______________________

4 ______________________

5 ______________________

TOP 5

Dinge, die andere an dir toll finden

1 ______________________

2 ______________________

3 ______________________

4 ______________________

5 ______________________

Welche
BOOK-QUOTES
LASSEN DICH NICHT MEHR LOS?

ABSOLUTE Must-have-Bücher ZUM SCHMÖKERN,

EINTAUCHEN UND WELT-VERGESSEN

#BOOK-BAE*

Es gibt sie – die perfekten Partner. Auf jeden Fall im Buch!
Ob Book-Boyfriend oder Book-Girlfriend, wer würde dir
auch die langweiligsten Alltagsdinge versüßen?

	WER	AUS
1		
2		
3		
4		
5		
6		
7		

* **B**efore **a**nyone **e**lse: Der Buch-Charakter, den du ins Herz geschlossen hast. Und der einfach am coolsten von allen ist.

Wieso?

1 ______________________

2 ______________________

3 ______________________

4 ______________________

5 ______________________

6 ______________________

7 ______________________

»Lesen STÄRKT DIE Seele.«

VOLTAIRE

Leseorte

An welchen Orten packst du dein Buch aus

und fängst einfach an zu lesen?

1 ____________________________

2 ____

3 ____

4 ____________________________

5

6

7

8

9

10

Das Schönste am Lesen ist das

EINTAUCHEN IN FREMDE WELTEN.

Wenn du die Wahl hättest:

In welchem Buch-Genre wärst du zu Hause?

Welches Adjektiv beschreibt dich am besten?

a) Verträumt

b) Entschlossen

c) Kreativ

Wie sieht ein perfekter Wochenendtag für dich aus?

a) Ein Picknick im Park, komplett mit Sonne und guter Laune

b) Endlich mal meine Ruhe haben – Lesen und in der Natur unterwegs sein

c) Am liebsten Feiern und mit Freunden zusammen sein!

Vor welchem der folgenden Szenarien fürchtest du dich am meisten?

a) Von einem geliebten Menschen getrennt zu sein

b) Ungerechtigkeit und Herzlosigkeit

c) Ich weiß nicht mehr, was real ist und was nicht

Welche Situation regt dich beim Lesen am meisten auf?

a) Handlung – welche Handlung? Alles plätschert nur so vor sich hin
b) Einer der Hauptcharaktere stirbt unvermittelt
c) Ach, da sind sie wieder – die guten altbekannten Klischées

So wie das in Büchern nun mal ist – irgendetwas Weltbewegendes passiert immer. Wenn du Autor wärst, was wäre dein Ausgangsszenario?

a) Missverständnisse, Herzschmerz, Peinlichkeiten – etwas Schlimmeres gibt's kaum!
b) Das Land ächzt unter einer Diktatur
c) Nichts weniger als der epische Kampf von Gut gegen Böse

Wenn du eine Bibliothek hättest – wie würde diese aussehen?

a) Luftig, hell, mit hohen Fenstern
b) Mit Kerzen beleuchtet, mit vielen kleinen versteckten Ecken und dunklem Holz
c) Fantasievoll, mit vielen Gemälden, Gold und elegant geschwungenen Treppen

Auswertung:

Welchen Buchstaben hast du am häufigsten angekreuzt?

A) Romantisch à la Izara: Du stehst mit beiden Beinen fest im Leben, hast ein großes Herz und Liebe, Freunde und Familie stehen bei dir immer an erster Stelle. Deswegen bist du oft die erste Anlaufstelle für alle Sorgen und Probleme – wie gut, dass es dich gibt!

B) Dystopisch à la Cat & Cole: Du willst helfen, wo es nur geht, bist mutig und stehst für andere ein. Ob düstere Zukunft oder der ganz normale Alltagswahnsinn: Jeder kann sich glücklich schätzen, dich bei einem Kampf (oder im Alltag) an seiner Seite zu wissen!

C) Fantastisch à la The Belles: Deine unglaubliche Fantasie ist deine große Stärke, und oft siehst du das große Ganze, bevor es andere tun. Aufgrund deiner Kreativität und deines Ideenreichtums wird es nie langweilig, und deine Freunde lieben dich dafür!

Bücher-BINGO

Ein/e Autor/in aus Amerika	Vorsicht, bissig!
Gänsehaut pur	In der Zukunft
Rache ist süß	Summertime

It's Bingo-Time! Findest du das passende Buch in deinem Regal?
Streiche alles durch, was dir beim Lesen bisher
über den Weg gelaufen ist!

love is in the air	Setting: Irland	magic moments
Auf dem Rücken der Pferde ...	Eine Frau auf dem Cover	Eine Stadt im Titel
Herzschmerz	girls only	Ein Buch mit mehr als 500 Seiten

Manchmal TUT ES GUT, böse zu sein!

Manche Charaktere sind einfach düster, gefährlich und teilweise unausstehlich, aber wenn wir ehrlich sind, lieben wir es, sie zu hassen! Wer sind deine liebsten Bösewichte?

1 ____________________

____

2 ____________________

____

3 ____________________

4

5

6

7

8

9

10

Sie sind stark, schnell, intelligent, können unglaublich gut zaubern oder wie kein anderer mit Pfeil und Bogen umgehen: Unsere Buch-Helden. Aber stell dir vor, du findest dich plötzlich auf ihrer Gegenseite wieder ... Welche Charaktere würdest du nie zum Feind haben wollen?

1

2

3

4

5

6

7

8

9

10

Buch-Genießer oder BUCH-VERSCHLINGER?

Lesen im Herbst, mit Decke und heißer Schokolade, wenn der Regen ans Fenster prasselt

oder

Lesen im Sommer, wenn die Sonne scheint, auf einer Wiese mit leckerer Limo

Das Buch in einem Rutsch durchlesen

ODER

Jeden Tag ein wenig lesen, um länger etwas von dem Buch zu haben

Hardcover **oder** Taschenbuch

Eine herzzerreißende Liebesgeschichte

oder

Endlich mal ein Plot ohne den ganzen Liebeskram

Ein Held, der auf die dunkle Seite gezogen wird

oder

Ein Bösewicht, der plötzlich seine gute Seite entdeckt

Ein in sich abgeschlossenes Buch

ODER

Eine Trilogie oder Serie ... egal wie viel, Hauptsache mehr davon!

Lieber die absoluten Lieblingsbücher noch mal lesen

oder

Immer neuen Nachschub frisch aus der Buchhandlung

Ein bestimmtes Genre

ODER

Quer durch alle Genres

Schau auf das vergangene Jahr zurück und blicke auf das, was noch ansteht. Welche Lieder bilden den

ultimativen SOUNDTRACK DEINES LEBENS?

1 ....

2 ....

....

3 ....

....

4 ....

....

5 ....

6 ....

....

7 ....

8 ....

9 ....

....

10 ....

Das Leben ist zwar kein Film, aber:

Wenn du morgens mit einem TIGER im Zimmer aufwachen würdest, welche SängerInnen hättest du gerne an deiner Seite? Ob sie dir dabei helfen oder dir eine anfeuernde Hymne singen, bleibt dabei dir überlassen.

1

2

3

4

5
6
7
8
9
10

»Das Beste

IN DER MUSIK

STEHT NICHT IN DEN

Noten.«

GUSTAV MAHLER

Der ultimative **TRAUM** für viele –

EINE EIGENE BAND.

Wenn du selbst eine gründen würdest, aus welchen SängerInnen, Drummern oder Bassisten würde sie bestehen?

1 ....

2 ....

3 ....

4 ....

5

6

7

8

9

10

Lied des JAHRES

Schaffst du es, für jeden Monat
im Jahr ein Lied zu finden, das genau
diesen Monat im Titel hat?

Darf auch auf
Englisch sein!

JANUAR

FEBRUAR ---

MÄRZ

APRIL

MAI

JUNI

JULI

AUGUST

SEPTEMBER

OKTOBER

NOVEMBER

DEZEMBER

DANCE IT OUT-
PLAYLIST

Manchmal geht es nicht anders, und man muss die Musik laut aufdrehen, wie verrückt tanzen und aus vollem Hals mitsingen. Was sind deine absoluten GUTE-LAUNE-LIEDER?

1
____

2
____

3
____

4
____

5

6

7

8

9

10

THIS OR THAT –
Music Edition

Festival oder Club

Kopfhörer ODER Lautsprecher

Rock oder Pop

Aktuelle Charts oder 90er

Musik neben dem Lernen hören

oder

Musik an, Augen zu, Welt aus

Ein Instrument spielen

ODER

In der Dusche singen

Mariachi-Band oder Boyband

Festgelegte Playlist ODER Shuffle

»DIE MUSIK IST DIE SPRACHE DER

Leidenschaft.«

Richard Wagner

LYRICS

Manche Liedzeilen treffen den Nagel

einfach auf den Kopf.

Welche Lyrics findest du absolut genial?

1

2

3

4

5

6

7

8

9

10

BAND-NAME

Vorher hast du schon eine Band aus deinen Lieblingsmusikern zusammengestellt. Jetzt braucht die Band natürlich noch einen Namen! Wie würde sie heißen?

DEIN GEBURTSMONAT:

Januar ▶ Mighty
Februar ▶ Rage Against the
März ▶ Midnight
April ▶ They Might Be
Mai ▶ Cold
Juni ▶ Saving
Juli ▶ Ten Months of
August ▶ Imagine
September ▶ Deaf
Oktober ▶ Dreamers of the
November ▶ Maximum
Dezember ▶ Sky Blue

ANFANGSBUCHSTABE DEINES VORNAMENS:

A Mango

B Pommes

C Paradise

D Sea Snakes

E Mondays

F Bread

G Witherspoon

H Ente

I Meer

J Monkeys

K Bulette

L Shakespeare

M Fischfilet

N Balloon

O Siebenschläfer

P Pappmaché

Q Eddie

R Electricity

S Lama

T Marshmallows

U Cookies

V Grapefruit

W Zuckerzangenzahnarzt

X Schürzenjäger

Y Polly

Z Cats

DEIN BAND-NAME

Welche Lieder sind in dem Jahr herausgekommen, in dem du geboren bist? Liste zehn davon auf!

JAHR:

Gefällt es dir?

		JA	NEIN
1			
2			
3			

Gefällt es dir?

	JA	NEIN
4		
5		
6		
7		
8		
9		
10		

DER SONG, ...

... der dich an deine Kindheit erinnert

... der dich immer runterbringt

... der dich beim Sport motiviert

... der dich an Sommer erinnert

... der sofort Weihnachtsgefühle auslöst

... den du nicht mehr hören kannst

... der sich gecovert / als Remix einfach besser anhört

... den du beim Karaoke rocken würdest

... der den schlimmsten Montag weniger montagig macht

... der zu dir und deinen allerbesten Freunden passt

JEDER *kennt* SIE:

Die Szenen im Film, bei denen man einfach
nicht anders kann, als loszuheulen!
Ob romantisch oder einfach nur traurig –
was sind deine Top 10?

1 -

2 -

3 -

4 -

5

6

7

8

9

10

Schau-STATISTIK

Wie viele Serien hast du im Monat durchgesuchtet?

10						
9						
8						
7						
6						
5						
4						
3						
2						
1						
	JAN	FEB	MÄR	APR	MAI	JUN

JUL	AUG	SEP	OKT	NOV	DEZ

AND THE OSCAR GOES TO …

Wenn du entscheiden könntest: Welche Serie oder welcher Film würde in den folgenden Kategorien glasklar gewinnen?

Bester Bösewicht ______________________

Und zwar …

Schönste Landschaft ______________________

Und zwar deshalb …

Bester Cast

____

Und zwar weil …

Ungeschlagener Dauerbrenner ______________________

Und zwar darum …

Absolut bester Protagonist ______________________

Und zwar ...

Unvorhersehbarster Plot-Twist

____

Und zwar ...

Freunde, die IMMER zusammenhalten ______________________

Und zwar ...

Bauchschmerzen-vor-Lachen-Verursacher

____

Und zwar ...

Spannung pur! ______________________

Und zwar darum ...

Gruseligste Atmosphäre ______________________

Und zwar deshalb ...

FANGE
NIE AN
AUFZUHÖREN.
HÖRE
NIE AUF
ANZUFANGEN.

Es gibt so viele coole Charaktere im TV –
welchen davon wüsstest du wegen seiner
Schlagkraft und Entschlossenheit bei einer

ZOMBIE-APOKALYPSE

gerne an deiner Seite?

1

2

3

4

5

6

7

8

9

10

Sie schauen sich an, und man spürt förmlich das Knistern zwischen den beiden. Welche Charaktere sind dein **OTP*** oder **MÜSSEN** unbedingt zusammenkommen?

1

---------- UND ----------

2

---------- UND

3

---------- UND

4

---------- UND ----------

* **OTP** = **O**ne **t**rue **p**airing = das absolute Traumpaar, das einfach wie die Faust aufs Auge zusammenpasst.

5

UND

6

UND

7

UND

8

UND

9

UND

10

UND

Lachflashs GARANTIERT:

Bei welchen Filmen oder Serien haut es dich regelmäßig vor Lachen vom Sofa?

1 ---

2 ---

3 ---

4 ---

5

6

7

8

9

10

Keep calm AND RELAX.

IT'S FREE TIME!

NEVER have I EVER ...

KREUZE AN!

ICH HABE NOCH NIE ...	NOCH NIE	DOCH, KLAR!
... eine Serie oder einen Film abgebrochen		
... eine Szene aus einem Film oder einer Serie nachgestellt		
... einen Horrorfilm bis zum Ende durchgeschaut		

... einen Harry-Potter-Film angeschaut		
... während eines Disney-Films geweint		
... eine ganze Serie am Stück angesehen		
... einen Schauspieler getroffen		
... ein Nickerchen im Kino gehalten		
... bei einem Film Tränen gelacht		
... nach dem Ende eines Films oder einer Serie darüber nachgedacht, wie es den Hauptfiguren wohl jetzt gerade geht		

ZZZ ...

Ohne ihn geht gar nichts –

der **Sidekick** und beste Freund,

der immer für den Protagonisten da ist, witzige Sprüche klopft und zum richtigen Zeitpunkt genau die richtigen Worte findet.

Wen hättest du im ganz normalen Alltagswahnsinn gern um dich?

1

2

3

4

5

6

7

8

9

10

Heimelig und ruhig oder düster und verfallen: In welcher STADT aus einer Serie oder aus einem Film würde es dir gefallen?

1

2

3

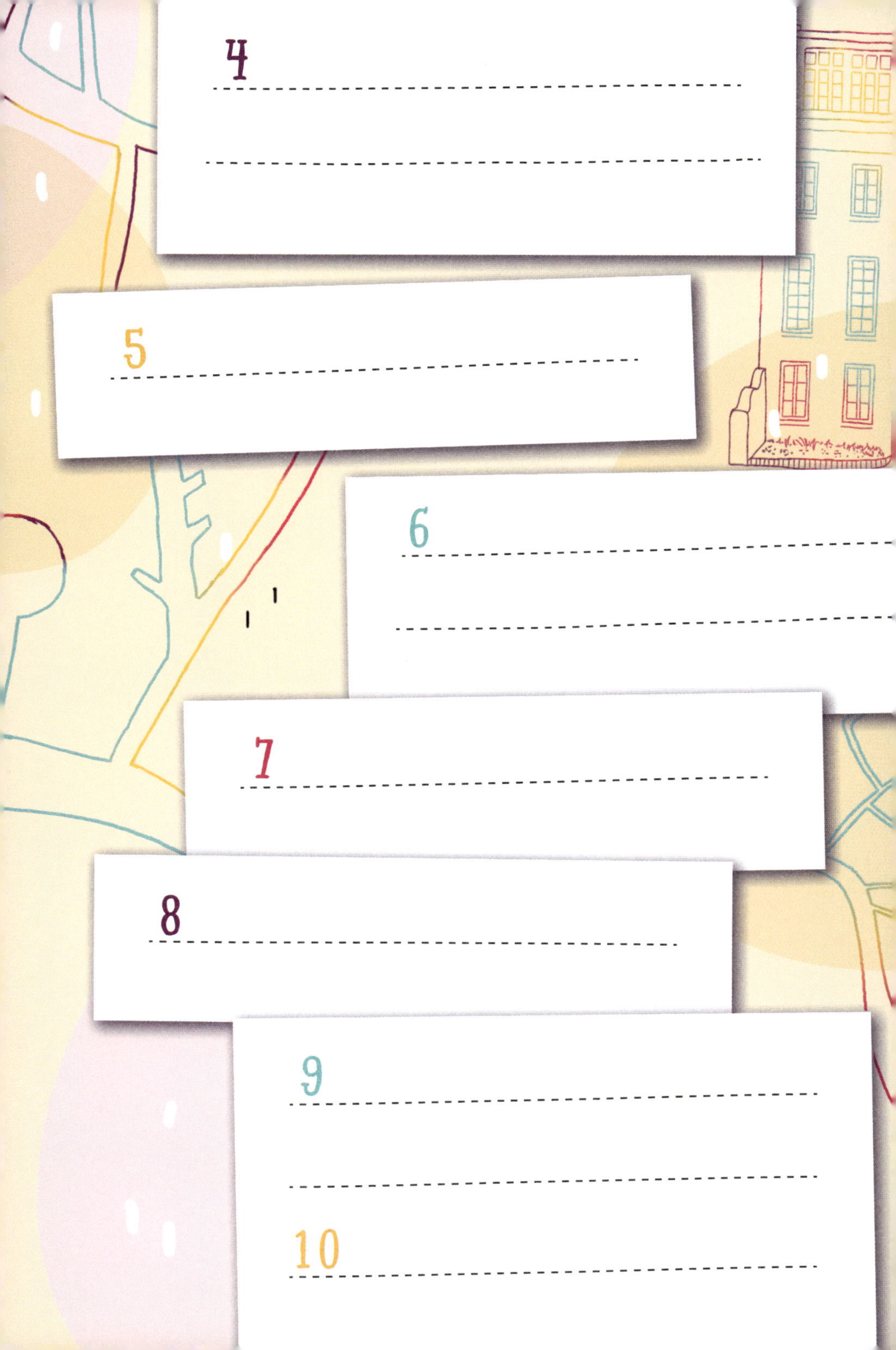

4

5

6

7

8

9

10

DAS SIND KEINE

Augenringe.

DAS SIND DIE

Schatten

GROSSER TATEN.

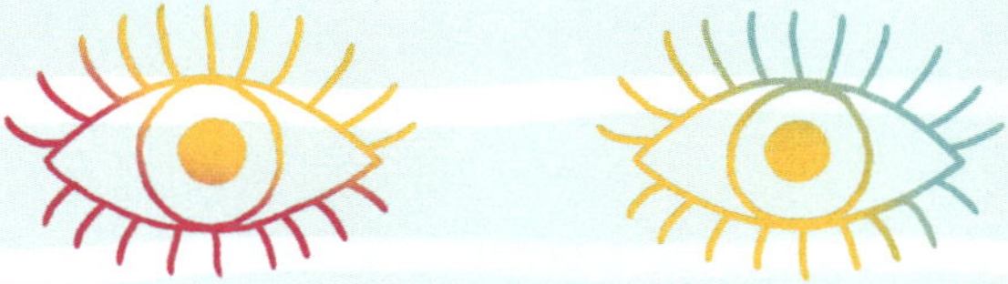

Du findest dich urplötzlich in einem

HORRORFILM

wieder. Liste die Dinge auf, die man als Charakter in diesem Fall NIE,NIE,NIEMALS machen sollte (und die doch jeder in den Filmen zu tun scheint...)

1

2

3

4

5

6

7

8

9

10

INSTAGRAMMER

LOVE IT OR HATE IT: WAS SIND DEINE

LIEBLINGS-INSTAGRAMMER

1 ______________________

2 ______________________

3 ______________________

4 ______________________

5 ______________________

6 ______________________

7 ______________________

8 ______________________

9 ______________________

UND WER SIND DIE INSTAGRAMMER, DIE DU ÜBERHAUPT NICHT LEIDEN KANNST?

1 ______________________________

2 ______________________________

3 ______________________________

4 ______________________________

5 ______________________________

6 ______________________________

7 ______________________________

8 ______________________________

9 ______________________________

YOUTUBE-QUIZ

WAS MACHST DU AM LIEBSTEN?

a) Ich bin ständig unter Strom, bastele Collagen mit coolen Bildern oder betätige mich auch sonst kreativ

b) Ich gehe gerne shoppen und in der Stadt bummeln

c) Am liebsten bin ich in der Natur

FREUNDSCHAFT BEDEUTET FÜR MICH, ...

a) ... gemeinsam die Welt zu entdecken und Erinnerungen fürs Leben zu schaffen

b) ... mit jemandem über einfach alles reden zu können – von Make-up bis hin zu meinen Sorgen

c) ... zusammen etwas zu erleben und am besten das gleiche Hobby zu teilen. So können wir uns auch fast jeden Tag sehen!

WAS BESCHREIBT DICH AM BESTEN?

a) Kreativität ist mein zweiter Vorname

b) Ich liebe es, neue Looks zu testen und bin neugierig und aufgeschlossen

c) Ich bin ständig auf Achse und wandere, reite, fahre Ski, klettere ...

MIT WAS KÖNNTE MAN DIR ZUM GEBURTSTAG EINE FREUDE MACHEN?

a) Ich freu mich über alles – Hauptsache selbst gebastelt und es kommt von Herzen

b) Einen Gutschein – Bummeln und Shoppen zu gehen ist das Tollste für mich!

c) Hauptsache, es hat was mit Tieren zu tun

DU GEWINNST BEI EINER VERLOSUNG EINE REISE. WOHIN SOLL ES GEHEN?

a) In eine aufregende Stadt ... New York, Paris, London! Da gibt es so viel zu entdecken

b) An die schönsten Sandstrände der Welt

c) Island. Traumhafte Landschaft, durchatmen können und die unendliche Weite der Natur ... was kann es Schöneres geben?

WELCHES LEBENSMOTTO PASST ZU DIR?

a) Probieren geht über Studieren

b) Sei wie eine Ananas: Trage eine Krone und sei innen süß

c) Die Welt ist ein Buch – wer nie reist, sieht nur eine Seite davon!

AUSWERTUNG:

Welchen Buchtstaben hast du am häufigsten angekreuzt?

a) KREATIV ▸ Dein YouTube-Kanal wäre ausgefallen, originell und nie langweilig. Ob DIY, Life Hacks oder das Präsentieren eigener Songs: Du sprühst nur so vor Kreativität!

b) BEAUTY UND LIFESTYLE ▸ Du liebst es, den neuesten Beauty-Trends zu folgen und High-End-Marken sind keine Fremdwörter für dich. Dein YouTube-Kanal wäre voller Tipps, Tricks und Kniffe rund um Schminken, Hauls und Lifestyle.

c) VLOGS ▸ Du bist ein Naturmensch und magst nichts lieber, als dir frische Luft um die Nase wehen zu lassen. Ob beim Wandern, Ski fahren oder einer anderen Aktivität: Auf deinem YouTube-Kanal nimmst du alle mit und zeigst per Vlogs oder Follow-me-arounds, wie du lebst und wie du tickst.

An alle,
DIE ÜBER MICH
lästern:

I love TO
ENTERTAIN
you!

Wenn du einen Tag lang alles posten würdest, was in deinem Leben passiert, was wäre dann zu sehen?

1

2

3

4

5

6

7

8

9

10

Auf YouTube kann man stundenlang surfen, und man sieht sich Video nach Video an. Welche YouTuber schaust du regelmäßig und gern?

1

Wieso?

2

Wieso?

3

Wieso?

4

Wieso?

5

Wieso?

6

Wieso?

7

Wieso?

8

Wieso?

9

Wieso?

10

Wieso?

MAN WEISS ja NIE:

Sollten einmal **ALIENS** auf der Erde landen, braucht man auf jeden Fall eine starke Gruppe um sich herum. Welchen YouTuber könntest du aufgrund seiner Fähigkeiten oder seiner Redegewandtheit gut gebrauchen?

1 ______________________________

2 ______________________________

____

3 ______________________________

4 ______________________________

5

6

7

8

9

10

ICH MUSS

DIR NICHT

gefallen,

ICH BIN KEIN

WHATSAPP-

STATUS!

IMMER ON

Welche Social Media-Plattformen benutzt du?

Täglich?

INSTAGRAM

Täglich?

YOUTUBE

Täglich?

SNAPCHAT

Täglich?

TUMBLR

Täglich?

Facebook

Täglich?

TWITTER

Täglich?

WHATSAPP

Täglich?

Pinterest

Täglich?

TIK TOK

ICH WEISS,

DU HAST RECHT.

Aber

MEINE MEINUNG

gefällt

MIR BESSER.

MIT WELCHEN

HASHTAGS

könnte man dein Leben

gerade am besten beschreiben?

#

#

#

#

#

#

#

#

#

#

ENTWEDER / ODER

KREISE EIN!

Selber etwas posten **oder** lieber durchscrollen und stalken

Kein Wifi **ODER** kein Handy

YouTube **oder** IGTV

Den ganzen Tag ‚on' sein **oder** nur morgens und abends reinschauen

Viele Follower
und Likes

oder

eine kleine, aber feine
Community

Nie wieder Social
Media benutzen

ODER

nie wieder Serien und
Filme schauen

Vlogs

oder

Tutorials

Ein unglaublich
schönes Bild posten

ODER

ein tiefgründiges
Zitat posten

Handy ODER Polaroidkamera

Instagram Stories ODER Facebook Live

Wenn deine Freunde und deine Familie einen Influencer-Channel / Blog / Account hätten, auf welcher Plattform wären sie unterwegs und über was würden sie reden oder schreiben?

1

2

3

4

5

6

7

8

9

10

Q & A

About THE THINGS I like

Letztes Buch, das du gelesen hast ____________________________

Letzter Film, den du gesehen hast ____________________________

Letzte Serie, die du durchgeschaut hast ____________________________

Letzter Song, den du gehört hast ____________________________

Letzter Instagram-Account, auf dem du warst ____________________________

Letztes YouTube-Video, das du angeschaut hast ____________________________

ABOUT THE THINGS I LIKE –

Meine Listen zum Träumen, Nachdenken und Glücklichsein

ISBN: 978-3-522-50666-3

Texte: Birgit Herrmann

Layout, Design, Satz & Illustration: BUCH & DESIGN Vanessa Weuffel

Reproduktion: DIGIZWO GbR, Stuttgart

Druck und Bindung: Neografia, Martin-Priekopa

MIX
Papier aus verantwortungsvollen Quellen
FSC® C020353

2. Auflage 2020

WARUM TRÜBSAL BLASEN, WENN MAN AUCH

Bettina Domzalski, Christiane Hahn

Mein Buch zum Reinkritzeln und Elternerziehen

144 Seiten · Brochur
ISBN 978-3-522-50582-6

Wer kennt das nicht: An einem Tag hängt der Himmel voller Geigen und am nächsten könnte man gegen die Wand treten – typisch Pubertät eben! Damit du in diesem ganz normalen Wahnsinn nicht untergehst, findst du in diesem Mitmach-Buch praktischen Rat: sei es beim Suchen und Finden der ersten Liebe, bei Stress mit den BFFs, mit den nervigen Eltern oder in der Schule. Und wenn du dich mal so richtig austoben und Dampf ablassen willst, kannst du das hier am besten mit gezücktem Stift und einer ordentlichen Portion Kreativität tun!

www.planet-verlag.de

SEIFENBLASEN KANN

Bettina Domzalski, Christiane Hahn

Mein Buch zum Reinkritzeln und Elternerziehen

144 Seiten · Brochur

ISBN 978-3-522-50627-4

Wenn mal wieder alles nervt, weil die Eltern keine Ahnung von den wirklich wichtigen Dingen im Leben haben, ist dieses Kreativ-Mitmach-Buch genau das Richtige. Hier gibt es SOS-Sofort-Lösungen bei Zoff mit den Eltern, praktische Tipps und Tricks für den Alltagswahnsinn, spannende Psycho-Tests und coole Sprüche, die in jeder Situation genau den richtigen Nerv treffen. Also: Eltern als Aliens akzeptieren, Kreativ-Modus aktivieren und Dampfablassen!

PLANET!

Zusammen ist man

Mina Teichert, Stephanie Reis

Spring! Vor allem über deinen Schatten

224 Seiten · Gebunden
ISBN 978-3-522-50632-8

Pebbels redet leise und höflich. Coco flucht am liebsten laut und wild. Pebbels ist sehr schüchtern. Coco liebt die Aufmerksamkeit. Pebbels hat keine Freunde. Coco beschließt, dass Pebbels ihre neue beste Freundin ist. Sie nimmt Pebbels mit in ihre bunte Welt, denn das ehemalige Zirkusmädchen weiß, wie man für sich einsteht. Und bevor Pebbels sich umsehen kann, hat sie eine echte Freundin, mit der es ihr gelingt, über ihren eigenen Schatten zu springen!

www.planet-verlag.de

stärker als alleine

Uticha Marmon, Petra Hämmerleinova, Laura Rosendorfer

Josis wilde Welt
Mit Skateboard und Spion auf geheimer Mission

144 Seiten · Brochur
ISBN 978-3-522-50582-6

Josi und Mädchenkram? Auf gar keinen Fall! Viel lieber düst sie mit ihrem Skateboard durch die Straßen, tratscht mit Frau Bulette im Broilergrill um die Ecke und spinnt sich abenteuerliche Geschichten in ihrem Kopf zusammen – vor allem als ein neuer Junge auftaucht, der nicht nur ziemlich dreist ist, sondern ihr auch mit seinen teuren Klamotten, Smartphone und Tablet so gar nicht in den Kram passt. Als plötzlich aber die Existenz des Broilergrills bedroht wird, entpuppt sich der Neue als vielleicht doch nicht so doof …

PLANET!

Have

A NICE

Day